AF498292

SUR LA DÉTONATION

DES

MÉLANGES GAZEUX

par

M. NEYRENEUF

MEMBRE DE L'ACADÉMIE NATIONALE DES SCIENCES, ARTS
ET BELLES-LETTRES DE CAEN

CAEN

TYPOGRAPHIE DE F. LE BLANC-HARDEL
RUE FROIDE 2 ET 4

—

1875

SUR LA DÉTONATION

DES

MÉLANGES GAZEUX

Introduction (1). — Une remarque d'un de mes
élèves, M. Bouet, actuellement à l'École centrale, a été
l'occasion de mes recherches sur la détonation des
mélanges gazeux. En répétant l'expérience du transvasement de l'hydrogène d'une éprouvette dans
une autre, M. Bouet remarqua, après inflammation,
sur la paroi de l'éprouvette supérieure des lignes
ondulées, formées par de la vapeur d'eau condensée.
Cette particularité d'expérience fixa d'autant mieux
mon attention, que je m'occupais alors des stratifications de la lumière électrique, et que je crus en-
trevoir la possibilité de reproduire ce singulier phénomène optique sans électricité, par l'action seule
de la propagation d'un flux calorifique intense. On
pouvait du reste espérer des résultats d'une grande
netteté en se rappelant que la combustion d'un

---

(1) Des notes sur ce sujet ont été publiées dans les comptes-
rendus de l'Académie des sciences, dans le *Bulletin* de la Société
française de physique, dans le journal de M. d'Almeïda.

mélange d'air et d'hydrogène dans une éprouvette s'effectue souvent avec un son musical qui se prolonge, son qui doit être produit par la vibration, de durée sensible, de la masse gazeuse intérieure.

Mode d'expérience.—Je me suis appliqué à déterminer d'abord les circonstances qui favorisent l'expérience sous sa première forme. On obtiendra des apparences fort belles, en se servant d'une éprouvette ordinaire *bien propre et bien desséchée*, et opérant de la manière suivante : on remplit d'hydrogène sur la cuve à eau une seconde éprouvette de même capacité et de même diamètre que la première ; on la soulève ensuite en la tenant verticalement, l'ouverture en bas. Lorsque tout le liquide adhérent aux parois s'est écoulé, on abouche les deux éprouvettes, et on les retourne de façon que celle qui est sèche et qui est pleine d'air se trouve à la partie supérieure. On forme au moyen du pouce et de l'index un anneau de fermeture aussi hermétique que possible, et on attend cinq minutes au moins dans cette position. On enlève ensuite l'éprouvette supérieure par son extrémité fermée, et, en la tenant horizontale, on en présente rapidement l'ouverture à la flamme d'une bougie. La détonation a lieu et en regardant sur les parois de l'éprouvette, on aperçoit, marquées par de la vapeur d'eau, des lignes rappelant la disposition des lignes nodales sur les plaques vibrantes. Les résultats varient avec la dimension. Si on a employé une éprouvette de 3 centimètres de diamètre et de 20 centimètres de hauteur, on observe des arborescences très-jolies, analogues à certaines fleurs de glace. Au bout d'un jour ou deux, les apparences ont disparu, sans doute à cause de la vaporisation de l'eau, mais on peut les faire réapparaître par l'insufflation de l'haleine et cela indéfiniment à la condition de conserver l'éprouvette en la plaçant sur une soucoupe pleine d'eau.

L'opération préalable à faire subir aux éprouvettes est longue ; de plus il est difficile de varier beaucoup la composition des mélanges, en opérant comme nous venons de l'indiquer. On obtient de bons résultats, mais malheureusement éphémères, de la manière suivante : l'éprouvette *propre* est remplie avec de l'huile, puis vidée et rapidement remplie d'eau. On remplace alors l'eau par un mélange gazeux, fait à l'avance en proportions quelconques, et on détermine ensuite la détonation comme plus haut. Les apparences très-complètes ne persistent qu'un temps très-court. Ce procédé, malgré son peu de commodité pratique, est avantageux, à cause de sa sensibilité, comme procédé d'investigation ; il m'a permis de constater que tous les mélanges étaient loin de produire les effets que nous étudions, qu'ils devaient varier avec la dimension des éprouvettes, et que la combustion ne devait pas être trop rapide, comme cela a lieu lorsque l'hydrogène et l'oxygène sont dans les proportions qui constituent l'eau.

Le procédé du transvasement est impraticable avec les tubes d'un petit diamètre, qu'il est du reste fort difficile d'obtenir propres et secs. Le procédé par l'huile deviendrait rebutant et moins probant pour des tubes d'une certaine longueur; je n'ai pas obtenu non plus de bons résultats en faisant arriver les mélanges bien desséchés au fond des tubes à remplir de manière à chasser l'air complètement; malgré la perte d'une grande quantité du mélange, on n'est jamais sûr d'opérer dans des conditions comparables.

J'ai cherché à utiliser la chaleur produite dans la combustion, en me guidant du reste d'après les apparences que donnent les éprouvettes sèches. Quelle que soit la cause du phénomène, on doit admettre que la combustion est plus active ou plus prolongée vers certaines parties qui s'échauffent plus que les autres. Sur ces dernières se forme, de préférence, la condensation de la vapeur d'eau. S'il en est bien ainsi, on conçoit que telle substance convenablement choisie, tapissant les parois des tubes, pourra fondre sur les régions les plus chauffées tout en conservant vers les autres l'état solide. Les premières se trouveront donc dénudées et dès lors distinctes des secondes. J'ai essayé le suif, la cire et la paraffine, substances dont les points de fusion sont peu élevés. Le suif ne donne rien, la cire donne rarement, la paraffine, au contraire, donne des effets très-beaux et persistants. L'insufflation de l'haleine leur rend même au bout de six mois l'aspect chatoyant par réflexion qu'ils avaient d'abord.

Je crois bon de donner quelques détails sur la manière de paraffiner les tubes. On pourra recouvrir d'une couche très-mince de cette substance l'intérieur des tubes, longs même de 1 mètre, à la condition que les parois ne soient pas trop épaisses.

Le paraffinage ne réussit pas avec les éprouvettes ordinaires; la couche est ou trop épaisse et les

effets ne sont pas visibles, ou trop mince, et n'a pas
alors une adhérence suffisante pour résister au choc
de la détonation. La paraffine est fondue dans un
plat allongé, placé au-dessus d'un bec de gaz que l'on
laisse allumé pendant toute l'opération. Cette substance forme alors un liquide, aussi clair, aussi lim-
pide que l'eau, et que l'on manie sans répugnance.
On la puise lorsqu'elle commence à fumer au moyen
d'un tube en U, dont une des branches est tenue à la
main, tandis que l'autre plonge dans le bain, et
on la verse dans le tube à paraffiner, jusqu'à ce
que ce dernier soit rempli. On le retourne alors verticalement sur le plat, de manière à faire écouler
le liquide. Si le tube est mince et court, l'opération
est terminée; mais si les parois sont épaisses, on
s'aperçoit que la solidification au fond du tube se fait
trop rapidement et la couche n'est plus mince. On
recommence alors le remplissage avec la paraffine
chaude, 2 et même 3 fois de suite; on laisse ensuite
égoutter et solidifier, ce qui demande à peine un
quart d'heure; les tubes sont prêts. On les remplit
alors d'eau sur la cuve, puis du mélange sur lequel
on veut expérimenter et la combustion peut être
immédiate.

J'indiquerai encore, pour terminer, quelques détails
bons à connaître. La paraffine ne doit pas être
versée trop chaude, sinon la couche solidifiée trop
mince manque d'adhérence. Il faudra changer assez
souvent de bain de paraffine, car cette substance,
s'oxydant à la longue, fond à une température de
plus en plus élevée. La différence du point de fusion
peut aller de 50 à 150° (voir *Les Mondes*, année

1869). Il faudra, quand un tube aura servi, attendre qu'il soit bien sec pour le paraffiner de nouveau. Enfin si l'expérience ne réussit pas à la première détonation, il est inutile d'en essayer une seconde, la couche s'écaillant alors suivant toute la longueur du tube.

Résultats des expériences. — Je ne reviendrai pas sur ce qui se produit avec les éprouvettes ordinaires bien sèches, me contentant de ce que j'ai déjà indiqué pour un mélange formé de 1 d'air et de 1 d'hydrogène; je passe tout de suite à ce qui se rapporte à des tubes de petit diamètre. Lorsque ce dernier ne dépasse pas 1e, 5 pour des longueurs pouvant varier de 1^m, 37 à 0^m, 052, les lignes de fusion sont disposés perpendiculairement à l'axe des tubes et équidistantes suivant une assez grande longueur, rappelant, par leur aspect, les stratifications de la lumière électrique et souvent les divisions que l'on marque sur les tubes volumétriques.

a — Si les tubes ont une longueur ne dépassant point 30e, la détonation produit un son musical très-net, ou un son moins pur, formé de notes discordantes. Dans le premier cas, les stries ou lignes de fusion sont très-nettes, très-régulièrement espacées, à partir d'une distance de l'ouverture qui paraît varier avec le diamètre. Dans le second cas, on distingue au moins deux séries de stries inclinées sur l'axe avec moins de régularité dans les intervalles. Voici quelques résultats relatifs au cas où le son musical est pur.

α correspond à un mélange de 1 volume d'air avec 1 volume d'hydrogène.

β correspond à un mélange de 1 volume d'air avec 2 volumes d'hydrogène.

γ correspond à un mélange de 1 volume d'oxygène avec 19 volumes d'hydrogène.

Mélange.	Longueur.		Diamètre.		Distance des stries.	
α	5ᶜ 2		0ᶜ 63		0ᶜ 086	
α	17 6		0 75		0 360	
α	7 9		1 16		0 162	
β	21 5		2 15		0 18	
β	17 5		1 97		0 15	
γ	24 0		1 25		0 26	

Le caractère musical est tellement net, que l'on peut conclure, à la simple audition, de la direction des stries. De plus, ce qu'il faut noter avec soin, c'est que, pour un tube donné de moyenne grandeur, il existe un mélange, et un seul mélange, convenable pour obtenir une seule série de stries. Le tube n° 1, par exemple, avec le mélange β ou γ, donne des stries irrégulières.

b — Avec de longs tubes, la détonation produit un bruit confus, comme un clapotement, correspondant à 2 et même 3 bruits distincts. Les apparences vers l'ouverture, parfois irrégulières, deviennent *toujours* perpendiculaires à l'axe et également espacées vers la seconde moitié du tube : les nombres inscrits dans la dernière colonne de droite représentent les intervalles égaux.

Mélange.	Longueur.	Diamètre.	Distance des stries.
α	124 c	0 c 6	1 c 5
γ	124	0 6	1 8
γ	99 5	1 1	1 35
γ	87	0 75	1 2

Ces résultats sont sensiblement constants, comme je l'ai constaté en répétant les expériences dans les mêmes conditions. Je dois, néanmoins, signaler la particularité suivante : il peut arriver que la distance des stries pour un même tube et un même mélange soit exactement la moitié de celle observée dans une expérience analogue. Le fait s'est présenté 6 fois bien caractérisé, dans la série de mes recherches.

c — Quand on prend des tubes de longueurs intermédiaires, on peut avoir en même temps des stries très-larges et des stries peu espacées comme avec les tubes de petite longueur. L'oreille prévient, du reste, si des stries fines ont dû se produire : un son musical se manifeste, dans ce cas, soit au début, soit à la fin de la combustion.

Mélange.	Longueur.	Diamètre.	Distance des stries.
α	38	1 c 3	0 c 65 (1) 0 30
α	30	1 2	0 6 0 2
γ	60	1 1	0 3 0 6
α	40	1 5	0 7 0 33

(1) Le 1ᵉʳ nombre de l'accolade s'applique aux stries les plus voisines de l'extrémité fermée.

On peut remarquer encore ici la simplicité du rapport des nombres qui représentent les distances des stries pour un même tube.

Lois. — De la comparaison des résultats inscrits dans les 3 tableaux précédents, confirmés du reste par un grand nombre d'autres qu'il est inutile de reproduire ici, on peut énoncer les lois suivantes :

1° La distance des stries varie comme la longueur des tubes et aussi comme leur diamètre.

2° La nature du mélange, dans les conditions de réussite de l'expérience, a aussi une influence propre sur cette distance.

3° Un son musical nettement perçu correspond toujours à la production de stries régulières et fines.

d — L'expérience avec de longs tubes réussit encore lorsque leurs deux extrémités sont ouvertes ; les stries occupent alors le dernier tiers de la longueur du tube à partir de l'extrémité vers laquelle se produit l'inflammation. On opère en fermant momentanément une des extrémités avec le doigt, que l'on enlève au moment où se produit la détonation.

e — La combustion du mélange α, β, γ, et d'autres mélanges plus riches ne produit plus aucun effet quand elle est déterminée par la production d'une étincelle entre 2 fils de platine placés près de l'extrémité fermée. Avec un tube étroit, long de plus de 1 mètre, je n'ai eu aucune trace de stries.

f — Avec de longs tubes, si on opère la combustion dans l'obscurité, on croit avoir sous les yeux un tube de Geissler, illuminé par un seul mouve-

ment du marteau de l'interrupteur d'une bobine
Ruhmkorff. Un ou deux points brillants persistent
après la détonation; ils sont dus à la combustion
d'une petite quantité de paraffine, combustion qui
laisse comme trace une tache allongée où la fusion a
eu lieu.

Des mélanges détonants. — J'ai indiqué plus haut
la composition des mélanges détonants qui donnent
les meilleurs résultats. — Il y a sans doute à recher-
cher le rôle que joue, dans nos mélanges imparfaits,
la portion de gaz inerte constituée par de l'azote et
de l'hydrogène pour les mélanges α et β, par de
l'hydrogène pour le mélange γ; mais mes expériences ne sont pas assez nombreuses pour que je
puisse le faire ici avec fruit. Le mélange γ, qui est
celui que l'on doit préférer pour de longs tubes, a
été pris comme moins riche que celui formé par
$\frac{1}{3}$ d'oxygène et $\frac{9}{5}$ d'hydrogène, mélange dans lequel
les quantités de gaz qui entrent en combinaison sont
égales à celles du mélange α. Le précédent mélange
d'hydrogène et d'oxygène ne donne rien par suite de
combustion trop rapide. Je reviendrai plus tard là-
dessus. Je me contenterai d'indiquer quelques faits
relatifs à la nature des gaz actifs dans la détonation.

1. — En dehors des commodités expérimentales, il
fallait trouver si, pour des combustions parfaites d'hydrogène et d'oxygène, les conditions physiques du
phénomène se trouvaient changées. J'ai opéré avec
des éprouvettes et des tubes de grande longueur,
par les procédés que j'ai indiqués en commençant,

recourant à la cire comme substance plus réfractaire
dans le cas du mélange parfait.

Les mélanges employés ont été:

H	O
2	1
1	1
1	2
1	3

Les 3 premiers n'ont rien donné que la fusion et la
projection de la substance intérieure, et souvent la
rupture du tube par le fond. Le 4ᵉ mélange donne,
mais mal, et je n'en conseillerai pas l'emploi. On
doit conclure de là que, lorsque la propagation de la
combustion est trop rapide, nos effets ne se produisent plus et que le mouvement oscillatoire ne s'établit
qu'à partir d'une certaine résistance apportée par
une quantité suffisante de gaz inerte.

2. — En remplaçant le gaz hydrogène par le gaz
d'éclairage, on obtient des résultats suffisants, mais
bien moins nets.

3. — Le nombre des mélanges détonants où
l'hydrogène ne donne pas lieu à une condensation
énergique de vapeur d'eau, est très-restreint; aussi,
ai-je apporté le plus grand soin à l'étude du mélange
de l'oxyde de carbone et de l'oxygène. Le gaz oxyde
de carbone doit être pris parfaitement pur, à cause de
la grande densité de l'acide carbonique, qui donne-
rait à de faibles quantités de cette substance, comme
gaz inerte, une influence considérable.

J'ai opéré sur les mélanges suivants :

	CO	O	CO	Air.
a	1	1/2		
b	1	1		
c	1	2 et d	1	3

Avec le mélange a, on obtient une combustion assez rapide, mais que l'on peut suivre assez facilement à l'œil pour observer le virement de teinte de la flamme vers le fond du long tube où elle se produit. La flamme bleue devient pourpre violacée ; pas de trace de stries.

Avec le mélange b, rien non plus ne se produit. Le mélange c brûle avec une lenteur extraordinaire dans une éprouvette ordinaire, tandis que la combustion est assez énergique et sonore dans un tube fin de petite longueur.

Avec le mélange d, j'ai eu quelques stratifications après le premier tiers de la longueur du tube, mais ce qu'il y a de plus remarquable, ce sont les variations de vitesse que l'on peut observer sans difficulté. Vers le premier tiers, combustion peu rapide et qui va s'accélérant, puis passe par un maximum qui persiste durant tout le deuxième tiers où se rencontrent les stries; vers le dernier tiers, la vitesse décroît. L'observation est commode avec un tube de 1ᶜ2 de large et de 1 mètre de long ; une augmentation d'intensité du bruissement produit correspond à la combustion de la portion du mélange occupant le deuxième tiers.

Explication des effets obtenus.—Deux physiciens

ont produit avec des poussières des apparences qui
se rapprochent de celles que nous avons observées.
Kundt (v. l'*Institut*, t. 34, et *Ann. de ch. et de phys.*,
année 1866) secoue, dans un tube de 1^m 30 de long
et de 0^m 02 de large, de la poussière de lycopode,
de manière que toute la paroi du tube en soit unifor-
mément recouverte. Il fait ensuite vibrer ce tube par
des frictions longitudinales, en le laissant ouvert aux
deux bouts ; la poussière s'accumule en des points
déterminés qui correspondent aux lignes nodales
spiraliformes. Mais si l'on ferme le tube à ses deux
extrémités au moyen de bons bouchons et qu'on le
frotte ensuite, la poussière s'agglomère en lignes dé-
liées bien différentes et qui tiennent au mouvement
de l'air, et non du tube, car elles ne se produisent
pas dans le vide. En régularisant le phénomène dans
des conditions qui le rendent tout différent de celui
que j'ai observé, Kundt arrive à la mesure de la
vitesse du son dans les différents gaz. Neumann
(*Ann. de poyg.*, CXXVII, CXXVIII) provoque des
figures analogues à celles de Kundt : 1° en mettant
le feu à une vessie remplie de gaz, placée en avant
du bout ouvert d'un tube dont le bout opposé est
fermé ; 2° par une insufflation d'air énergique, par
le bout ouvert du tube ; 3° en retirant rapidement un
bouchon fermant l'ouverture du tube ; 4° en heurtant
du doigt une vessie tendue au-devant de cet orifice ;
5° par le passage d'une étincelle électrique soit en
avant de l'orifice du tube, soit dans son intérieur.
Neumann s'attache, en outre, à démontrer que les
conclusions de Kundt ne sont pas exactes. La question entre Neumann et Kundt est de faire la part

dans ces phénomènes de ce qui revient à l'air et de
ce qui revient au tube. Je n'interviendrai pas dans le
débat, me bornant, et ce sera bien suffisant, à expli-
quer mes seules expériences.

Un grand nombre d'expériences, faites avec des
vases d'épaisseurs très-variables, me porte à penser
que l'influence des parois est nulle ou tout du moins
tout à fait négligeable. J'indiquerai à ce sujet les
expériences suivantes :

Mélange.	Longueur.	Diamètre.	Épaisseur.	Stries.
α	90^c	$0_c\ 45$	$0^c\ 25$	$0^c\ 6$
α	80	0 65	0 1	0 75
α	27	1 53	0 07	0 5
α	22	1 3	0 1	0 4

Les apparences étaient pour les quatre tubes parfaitement marquées. J'ai aussi opéré avec un eudio-
mètre de 1^c d'épaisseur et de $2^c\ 2$ de diamètre, par
la méthode du transvasement, et obtenu de magni-
fiques arborescences.

Le phénomène a sa cause dans un mouvement
vibratoire, qui anime la masse gazeuse, dans les
différents cas de combustion que nous avons exa-
minés, mouvement qui anime en même temps la
partie du gaz en combustion. Les choses se passent
d'une manière générale comme dans la méthode
graphique de Duhamel, avec cette différence que
c'est le corps vibrant qui se déplace.

Je distinguerai trois cas relatifs : le premier aux
expériences a, le second aux expériences b et le troi-
sième à la combustion du mélange d'oxyde de carbone et d'oxygène.

a. — Lorsque la détonation se produit à l'ouverture d'un tube, un ébranlement sonore a lieu. Si le son est convenable, il est renforcé par la masse de gaz qui remplit le tube et la combustion, se propageant à l'intérieur, marque à chaque instant l'état d'agitation de cette masse, jouant le rôle de corps sonore. C'est tout à fait le cas d'un diapason que l'on approche de l'ouverture d'une éprouvette de dimensions déterminées. Si le renforcement du son a lieu, il ne pourra plus se produire en diminuant le volume de l'appareil, par l'introduction d'eau, par exemple. De même il faudra pour un tube donné un mélange déterminé, sinon, les mouvements vibratoires de la masse gazeuse sont confus et multiples (1), ce que confirme l'expérience.

b. — Lorsque la détonation, à l'ouverture, est impuissante, comme dans les longs tubes, à rendre sonore la masse interne, un ébranlement vibratoire ne s'établit pas moins et prend, au bout d'un certain temps, une régularité suffisante. On voit souvent, en effet, une langue de feu saillir, puis rentrer à une assez grande profondeur, et, à sa suite, la combustion se propager dans le tube. Avec les mélanges que nous avons choisis, s'exécutent avec rapidité les mouvements en sens inverse, dus l'un à l'expansion

(1) La question est très-complexe au point de vue de la hauteur du son que doit produire la détonation. Cette hauteur peut varier avec la composition du mélange et de légères modifications de l'orifice. De plus, le renforcement peut ne plus s'obtenir pour de faibles variations de la composition chimique du mélange. On sait, en effet, d'après l'expérience de Leslie, que l'hydrogène présente des particularités acoustiques remarquables.

de la détonation, l'autre à la condensation immédiate de la vapeur d'eau formée, ces ébranlements se communiquent avant que la combustion se soit opérée, et celle-ci, du reste, ne reste pas inactive pour les régulariser en les amplifiant, comme nous le verrons dans le paragraphe suivant.

Dans le cas du mélange d'oxyde de carbone et d'air, nous n'avons pas à l'ouverture de source bien active d'ébranlement sonore, puisqu'il se forme de l'acide carbonique au lieu de vapeur d'eau. Aussi, ne voit-on pas de flamme rentrante. Deux causes de vibrations se rencontrent cependant, faibles, mais produisant des effets sensibles par suite de la continuité de leur action. La première est la compression dirigée vers l'extrémité fermée du tube ; la seconde résulte de la contraction dirigée en sens inverse de l'acide carbonique refroidi. Le mélange non brûlé finit, sous l'influence de ces deux causes, par être animé de mouvements d'amplitude suffisante. Ces mouvements semblent avoir, du reste, comme l'expérience nous l'a montré, une influence accélératrice sur la vitesse de la combustion.

L'effet que nous venons d'analyser existe, bien entendu, pour les mélanges dont la combustion produit de l'eau (1), et c'est à cette suite d'ébranlements

(1) Nous devons à la bienveillance de M. Schlœsing communication de l'expérience suivante faite en commun avec M. Demondésir.

Si on installe un long tube de la hauteur de deux étages environ, parcouru par un mélange détonant d'air et d'hydrogène, en enflammant le mélange, la combustion engendre des mouvements vibratoires tellement énergiques, que la flamme s'éteint et ne parvient jamais jusqu'à l'extrémité du tube.

successifs inverses que sont dues les apparences des
tubes ouverts aux deux bouts (paragraphe *c*).

Quelques remarques , en terminant, rendront
compte des dernières particularités :

Si les stries sont plus espacées dans les tubes
longs, c'est parce que les causes d'ébranlements
inverses pourront agir plus longtemps ; il en est de
même pour l'influence du diamètre ; les compressions et les dilatations suivront, dans leur énergie ,
l'énergie même de la combustion toujours retardée
dans les tubes étroits.

Le refroidissement se produisant trop difficilement
quand on enflamme le mélange par le fond et la
compression se trouvant plus énergique par la réflexion qui s'opère sur le fond , le mouvement vibratoire ne s'établit pas (paragraphe *f*).

Dans les tubes de moyenne grandeur (paragraphe *c*), nous avons la superposition des deux effets
pour les tubes longs et petits.

La combustion est influencée par le mouvement
vibratoire. Ceci résulte bien directement de ce fait
que la combustion d'un mélange d'oxyde de carbone
et d'oxygène peut être sonore et rapide dans un
petit tube, tandis que le même mélange donne, dans
une éprouvette ordinaire , une combustion lente et
silencieuse.

Enfin , une combustion trop forte détruit les mouvements vibratoires et de plus les compressions sont
suffisantes pour produire dans ce cas des combustions en masse , comme le démontre l'enflammation
du mélange d'oxygène et d'hydrogène dans le bri-
quet à air. La vitesse de combustion n'est, dans

aucun cas, assez grande pour être comparée à celle du son ; on donne 34 mètres par seconde pour le mélange de 2 d'hydrogène et 1 d'oxygène. M. Schlœsing estime à 5 mètres par seconde la vitesse de combustion dans des tubes larges du mélange théorique de gaz d'éclairage et d'air (1).

Caen, le 6 août 1875.

(1) Voir *Les Mondes*, 1869, p. 854.
Je laisse à l'auteur toute la responsabilité au sujet de ce nombre.